1 MONTH OF
FREE
READING

at
www.ForgottenBooks.com

By purchasing this book you are eligible for one month membership to ForgottenBooks.com, giving you unlimited access to our entire collection of over 1,000,000 titles via our web site and mobile apps.

To claim your free month visit:
www.forgottenbooks.com/free979098

ISBN 978-0-332-65561-1
PIBN 10979098

SERMÃO

SOBRE A VERDADE

DA

RELIGIÃO CATHOLICA,

PRÉGADO NA IGREJA
DE NOSSA SENHORA DOS MARTYRES
DE LISBOA,

NA QUARESMA DO ANNO DE 1817,

POR

JOSÉ AGOSTINHO DE MACEDO,
*Presbytero Secular, e Prégador de Sua
Magestade.*

LISBOA:
NA IMPRESSÃO REGIA. 1818.
Com Licença.

AO
REVERENDISSIMO PADRE MESTRE
Fr. ALVARO VAHIA,
Monge de S. Bernardo, e Secretario da suà Congregaçáo.

A Amizade he hum vinculo, que se conserva no desempenho de sagrados deveres, e o principal he confessar, e reconhecer publicamente os amigos: eu não me podia esquecer de o cumprir, obrigando-me a gratidão, e o reconhecimento. Dedico a Vossa Reverendissima este Sermão, escutado com universal enthusiasmo dos bons; porque he meu amigo, e porque he douto. Nas Obras do seu grande Patriarcha encontrei todas as luzes, que nelle deixo espalhadas. Consagre-se a tão digno Filho o que he herança de seu mesmo Pai; e nesta Offerta deixa eternizada a sua gratidão ao Pai porque he meu Mestre, ao Filho porque he

Seu amigo,

José Agostinho de Macedo.

Dominus fundavit Sion.

Isaias Cap. 14. v. 32.

NÃo ha cousa mais opposta , e mais contraria á razão, diz S. Bernardo, escrevendo ao Summo Pontifice Innocencio Terceiro , que querer transcender com a razão os mesmos limites, que lhe assignalára o braço Omnipotente. *Quid magis contra rationem , quam ratione rationem conari transcendere?* Tal he o presupposto, o afinco, ou a pertinacia dos Incredulos do Seculo , quando pertendem reduzir a problema os profundos mysterios, e incomprehensiveis arcanos da Religião ! Huma continua experiencia desengana os maiores Sábios da incomprehensibilidade dos naturaes fenomenos, que se descobrem no espectaculo do Universo ; e se he sincero o homem , não póde deixar de confessar a sua ignorancia , e de conhecer, que são muito estreitos os limites da

razão humãna. He qũasi tudo opinião,
e muito poucas cousas se podem chamar sciencia. O movimento dos As-
tros, a origem da materia, a união,
e reciproco laço e commercio das
duas substancias que compóem o homem, isto he., a origem das nossas
idéas, são humas sombras, que até agora não rompeo, nem talvez romperá
no mais porfiado estudo o entendimento humano. Parece que esta evidencia da propria ignorancia devia
conter os Espiritos altivos, e orgulho-
sos do Seculo, e persuadillos que não
devem, como diz o Santo Doutor,
forcejar com a propria razão, para
transgredirem os limites, que lhes forão assignalados, e prescritos, muito
principalmente naquellas materias,
que, longe de admittirem o exame da
razão, pedem o seu sacrificio; quero
dizer, naquellas materias, que são do
imperio da Fé, sobre que se funda a
santa Religião, que professamos. Tem
a Deos por Author; e elle mesmo
quer que o homem não conheça as
suas obras desde a sua origem até o

séu fim : *Ut non cognoscat homo Opus Dei à principio usque ad finem.*

. Cheio, e penetrado destes senti-
mentos, eu subo hòje a este lugar santo ; e ouvindo resoar de hum cabo a
outro cabo da Europa, no meio de
tantos Filosofos, de tantos pensadores, de tantos espiritos fortes, e le-
vantados, a palavra — Razão —, quando se trata da maior obra de Deos,
que he a Religião, e do mais importante objecto do estudo do homem,
eu intento pôr-me da parte destes mesmos pensadores, e servir-me, para
demonstrar a verdade, das mesmas
armas, de que elles se servem para a
combater. Intento fazer sentar a razão sobre ó seu magestoso throno, e
longe de querer proscrever seus direi-
tos, dar a estes toda a força de que
são capazes para a sustentar, e farei
triunfar a sua causa em materia de
Religião, se eu mostrar, que o meio
mais poderoso para fazer conhecer
com evidencia a sua verdade, e divin-
dade, isto he, para fazer sentir que
Deos he seu immediato Author, he a

mesma rázão humana, quándo della
fazemos o verdadeiro uso. Acreditar
os seus mysterios he o unico empre-
go da nossa Fé : *Accedentem ad Deum
oportet credere* : mas dar com a razão a evidencia a esta mesma Fé será, assim como o ultimo esforço, o
maior triunfo da eloquencia sagrada.
Vejo o mais numeroso, o mais illus-
tre, e o mais sabio Congresso; mas o
homem que vos falla, vos he conhecido. São antipathicos com o seu caracter o fanatismo, e a superstição.
Serei hoje Filosofo com os Filosofos,
e farei uso daquella razão, diante de
cujo Tribunal tudo julgão, e tudo
querem que seja julgado.

O impio Apostata Juliano, que
sentou comsigo no Throno a impiedade, e que he o Idolo dos Filoso-
fantes do Seculo, mofou, e escarneceo
de nossa santa Religião; porque vendo, que nos obrigava a captivar o
proprio entendimento em obsequio da
Fé, lhe parecia que a Religião que-
ria adoradores estupidos, e sem sapiencia, ou sem razão: por isso cha-

mava com insano ardimento á Fé dos
Christãos a virtude dos ignorantes.
Não me admiro ; hum homem
tão indigno, que considerava o temor
de Deos como a virtude dos cobardes,
podia muito bem considerar a Fé
como a virtude dos ignorantes. Mas
a Filosofia deste incredulo coroado,
ou foi huma summa ignorancia, ou
huma summa impostura ; porque a
nossa crença he hum acto da maior
sapiencia, e o uso mais sublime, e
apurado da razão, que o homem póde fazer. Deos estabeleceo no Mundo huma Religião, na qual quer ser
conhecido, quer ser adorado dos homens. Eis-aqui huma verdade tão certa, e demonstrada por si mesmo, tão
recebida pelo unanime consentimento
de todas as Nações, que nenhum homem, a não ser hum Atheo, que, como Lalande, por tal se declare, a
tem até agora contestado. Toda a
difficuldade em tão importante materia
se reduz a distinguir entre tantos cul-
tos, tão varios, e tão oppostos, qual
seja aquelle, que verdadeiramente pro-

venha de Deos, e que Deos exija dos homens. A Cruz de J. C. se confundio, e misturou com as cruzes dos salteadores. Entre as varas dos Mágicos do Egypto he huma só a vara de Moysés; todas as outras são empunhadas pelas mãos da impostura. Mas se he verdade que não faltão á verdadeira Religião caracteres, que a distinguão das falsas, só me resta indagar com o lume da razão natural quaes sejão estes caracteres, para julgar entre as falsas, e a verdadeira. Pede a razão, que a Religião, que vem de Deos seja tal, que nella se possa reconhecer o original na sua imagem; como se reconhece a causa no seu effeito. Será tal, que nella se descubrão os rasgos da mão de Deos, e que della possa reflectir huma luz divina, e innegavel. Será tal em summa, que nella exista Deos, como o Artifice na obra, e ella se descubra em Deos; como a obra existe na arte, e na sciencia do Artifice. He impossivel, diz a razão, que aquelle Deos, que sobre o rosto de todas as creaturas tirou tantas linhas da sua semelhança, não se haja de hum modo muito especial impresso a si mesmo na face da sua Religião, para que, assim como não ha homem tão cégo, que vendo a ordem, a formosura, e perfeições deste Mundo visivel, não reconheça a Deos por seu Author, não haja tambem homem tão estupido, que vendo a qualidade, e as perfeições deste Mundo invisivel; que he a sua Religião, não seja obrigado a confessar com maior evidencia, que he obra do mesmo Deos, como o Mundo material, que se nos descobre. Eis-aqui o que a razão deve conhecer, e confessar na Religião, que professamos. Por pouco que a Razão páre a contemplalla, descobrirá á maneira de hum cunho esculpida vivamente a imagem de seu Divino Author. Para dirigir por passos seguros a minha razão, limito-me a considerar em Deos tres perfeições, que são a sua Sapiencia, a sua Omnipotencia, e a sua Bondade; e as descubro de tal maneira no estabelecimento, nos progressos, e natureza da Religião Catholica, que digo, que não he menos cego, ou menos impio o que nega que estas perfeições se achem em Deos, do que quem nega que resplandeção na Religião aos desapaixonados olhos da razão humana. Se a razão lhe descobrir estes tres caracteres, confundir-se-ha a Filosofia do Seculo, triunfará a mesma razão; e o impio, se não se confessar convencido, ficará no mesmo Tribunal da razão, para que tanto appella, desacreditado.

Descobre a razão a Sapiencia infinita de Deos na Religião, que professamos, na qualidade, e indole dos meios, de que a mesma infinita Sapiencia se servio para a estabelecer. Juntou o nosso Divino Legislador sobre o cabeço de hum monte seus Discipulos, sentou-se entre elles como hum Monarcha em Conselho de Estado, e lhes disse: Vós sois o Sal da Terra, que déveis corrigir a contagião universal: Vós sois a Luz do Mundo, que déveis desterrar aquellas trevas;

que o opprimem : Vós sois huma Cidade edificada na cima de huma alta montanha, que pela sua elevação deve necessariamente ser vista de todos. O sublime Doutor S. Bernardo se fixa hum pouco a contemplar este Oraculo; e parece attonito ao escutar este discurso ao Divino Legislador. Attendei, diz elle, fallando a seus Irmãos entre os preruptos, e invios rochedos de Claraval, vede que grandes cousas prometta, e a quem as prometta. Promette hum nome, e huma fama, que se estenda por todo o Mundo; e a promette a homens tão abjectos, e miseraveis, que se podem chamar não só ignotos, porém nullos, em o mesmo lugar em que nascêrão: *Perpendite qualia polliceatur eis, qui in sua quoque regione habebantur ignoti*. Figurai-vos hum pouco, continúa o eloquente Padre, que algum Principe da Synagoga, por acaso escondido em alguma gruta do mesmo monte, ouvisse estas promessas feitas por hum homem, em apparencia como os outros, e a ho-

mens de tal caracter, e jerarquia.
Com que soberba, e com que mofa
as escutaria! Com que maligno prazer contaria o que tinha escutado, e
a qualidade dos sujeitos, a quem taes
promessas se dirigião! São estes, diria elle com o tom importante de
hum Filosofo, são estes o Sal da
Terra? São estes a Luz do Mundo?
São estes a Cidade edificada na coróa
de huma montanha? Não se volve
hum gráo periodo de tempo. He cru-
cificado pelos Hebreos o Mestre, e
o Conductor destes homens em apparencia tão vis. He este o instante
em que devem ter cumprimento as
grandes promessas, no mesmo instante em que perdêrão o Legislador, no
mesmo instante em que se espargem,
e se escondem por temor, no mesmo
instante em que mais cuidão em conservar a vida, e não em conquistar a
Terra, no mesmo instante, sim....
e he este o prefixo para o cumprimento dos grandes designios, e incomprehensiveis projectos. Tomados, e
investidos de hum novo espirito, já

se unem para tratar.... Quem o accreditaria? para tratar do modo, porque devem como Sal purgar a Terra, illuminalla como Luz, e dominalla como Cidade, ou Fortaleza edificada sobre hum monte. Mais claramente: unem-se, para deliberar sobre o grande negocio de submetter o Mundo ao Evangelho de Jesus Christo. Repartem entre si as regiões da Terra; porque até os seus ultimos limites devem chegar os éccos da sua voz: órão, abração-se, e márchão.......

Oh! confiança! digamos melhor, oh! presumpção! Doze homens sem letras, sem força, com os pés ainda cubertos do lodo do mar, com os vestidos ainda borrifados das aguas do Tiberiades, se prepárão para huma tão ardua empreza, e que parece não arriscada, mas louca, aos olhos da simples razão humana? Arroios de poucas aguas, apenas rebentão de sua pobre, e escura vertente, podem ir já murmurando entre si o alagamento, ou submersão universal da Terra? Estes Conquistadores não só desar-

mados, porém nús, correm, cada
hum áquella parte do Mundo, que
lhe tocára, com aquella mesma se-
gurança, com que hum filho vai to-
mar posse de huma herança, que se
lhe não contradiz; ou com aquella
mesma confiança, com que hum Ca-
pitão, sustentado por hum forte exercito, corre a occupar hum posto mal
defendido! Mas que opposições, e
que obstaculos não devião vencer!
Oppor-se-hão a seus designios os Im-
peradores com as forças de suas armas, os Filosofos com a subtileza de
seu engenho, os Oradores com a
energia de sua eloquencia, e os Poli-
ticos com todos os estratagemas da
humana malicia. A Religião, que pré-
gão, e annuncião, he huma Religião
inimiga de todas as outras, e por
consequencia apenas fôr publicada,
será calumniada pelos Soberanos como fautora de sedições; será aborre-
cida pelos licensiosos, e desenvoltos
como contraria a seus prazeres, será
desacreditada pelos Sabios como chêa
de extravagancias; e para vencer to-

dos estes impedimentos, para destruir todos estes obstaculos Deos póe em obra as illiteratas, e rudes linguas destes pobres pescadores! São estes os meios, e estes os instrumentos, que devem fazer, e concluir huma universal, e não vista até alli, revolução no Mundo?

Sim, Senhores; estes forão os instrumentos destinados pela Sapiencia de Deos para dar ao Mundo nova face, para revolver os entendimentos, e sujeitallos a novos principios, para combater os corações, e amoldallos a novas Leis. Estes forão os instrumentos, que fizerão que aquella Cruz, que era, como diz S. Paulo aos de Corintho, huma loucura, se tornasse a Religião dos sabios; que aquella Cruz, que era hum opprobrio, se fizesse a gloria dos Monarchas, subindo a formar o ápice honrado de seus Diademas, e ao mesmo tempo se despregasse, e ondeasse como estandarte ao vento na frente de seus exercitos, tecida, e esculpida com pompa em suas mesmas bandeiras. Estes

B

forão ós instrumentos; que fizerão en-
trar a Fé de posse do Capitolio, e
que aluirão os alicerces daquelles
Templos profanos, ornados com os
despojos de toda a Terra; que levantárão novos altares para collocar sobre elles hum Crucifixo; que desfizerão, dispersárão, e anniquilárão todas as seitas tão celebres, e tão nu-
merosas, e que erão outros tantos
exercitos postos em pé de guerra pela sapiencia humana contra a Fé; e
que obrigárão seus mesmos Mestres
a mudar de partido, e a se alistarem
em nossas bandeiras, carregando suas
mãos de nossas cadêas. Estes forão
os instrumentos que fizerão que o nome de Jesus Christo passasse os mon-
tes, e os mares, e chegasse onde
não tinhão chegado, não digo eu as
armas, mas nem o nome dos Romanos; e que ao som deste nome res-
pondessem com écco sonóro todos os
angulos da Terra. Aqui descobre a
razão a infinita Sapiencia de Deos,
que querendo chegar ao seu fim, vio,
que os meios mais proprios erão

aquelles mesmos, que mais improprios parecião ao entendimento humano.

E qual foi o fim, que Deos se
propoz? Foi sujeitar o Mundo á Religião, mas de maneira, que esta
sujeição se não pudesse attribuir mais
que ao braço do Omnipotente. Em
lugar de escolher instrumentos pro-
porcionados, escolheo instrumentos,
ou tão debeis, ou tão improprios,
para que, não aos instrumentos, mas
ao Author se referisse, e attribuisse
toda a gloria do Mundo conquistado.
Considera o conselho de Deos, diz
S. Bernardo na Epistola ao Subdiaco-
no Romano; não escolheo os ricos,
os sabios, os nobres; porém os pescadores, para que se visse, que não
conquistava, e reduzia o Mundo com
as riquezas, com o poder, e com a
auctoridade da prudencia humana. E
Santo Agostinho em o Liv. 18. da
Cidade de Deos: Escolheo os humil-
des de nascimento, os illiteratos, para
que elle só fizesse grande, quanto elles grande fizessem.

—, Devia Gedeão, conforme as ordens de Deos, combater, e destruir os Madianitas, e para este fim tinha levantado hum exercito poderoso; e apenas á sua frente o manda marchar, tambem Deos lhe manda, que diminua, e reduza o mesmo exercito. Corre ao campo da batalha, e não dá hum passo, que não receba de Deos huma nova ordem para licenciar parte do exercito. Semelhánte áquelles rios, que derramando-se, e dividindo-se em muitas vêas, se vão perdendo em sua mesma carreira, e chegão aos mares tão attenuados, e pobres, que longe de lhes levarem guerra, nem lhes dão sinal da sua chegada. O exercito de Gedeão, que pouco antes alagava, e cobria os campos vizinhos, chegou á frente do inimigo tão decrescido, e extenuado, que mais parecia huma avançada guarda para espiar, que hum corpo aguerrido para combater. O que he ainda mais; aquelles poucos soldados, que restavão da grande refórma, ou reducção do exercito, em lugar de ar-

mas proprias, e aptas para combater,
vinhão apenas providos de trombe-
tas, de vasos de barro, e de fachos
accezos. Como he isto? Para debel-
lar hum inimigo poderoso, licenciar
primeiro o exercito? Ficão poucos
soldados, e são estes os que marchão
armados dos symbolos da fraqueza
no barro: tão facil de quebrar-se; e
nas luzes tão promptas em se extin-
guirem? Não vos admireis; esta reso-
lução foi hum designio da Sabedoria
de Deos: estes meios não tinhão pro-
porção alguma com os fins de Gedeão; mas tinhão muita com os fins
de Deos. Gedeão propunha-se combater os Madianitas; e Deos deter-
minava que no combate contra os
Madianitas, resplandecessé a virtude
de seu braço Divino, e não a pericia
do General, ou o valor dos soldados,
Para isto reduzio aquelle grande exercito a poucos combatentes, desarmou
estes mesmos poucos; e querendo-os
com effeito inhabeis para consegui-
rem a victoria, conseguio que a victoria alcançada se não pudesse cha-

mar victoria do Povo, mas victoria
de Deos. S. Bernardo compara em
muitas cousas os Apostolos aos soldados de Gedeão, e mais que tudo nesta desproporção, que tinhão com o seu
fim; desproporção querida, e escolhi-
da por Deos, como o instrumento
mais próprio para mostrar, que a con-
versão do Mundo era obra manifes-
tamente sua. Oh! Sapiencia Divina!
Assim como na creação do Mundo
não fez proceder huma cousa de outra cousa, mas tirou tudo dos abys-
mos do nada, assim na formação da
sua Igreja se servio da nullidade dos
Apostolos, e para o dizer melhor,
do não ser, para que estabelecendo-a,
como estabeleceo o Mundo, nas ba-
ses do nada, annunciasse, como o
Mundo annuncia, por toda a parte o
seu Author. Agora conheço, ó Santos Apostolos, como seja verdade
que vós sois o Sal da Terra, a Luz
do Mundo, e a Cidade fundada sobre hum monte. Assim como em o
nada, que precede as cousas se conhece donde provenhão as que procedem,

assim se podé dizer que vós sois o Sal
da Terra, porque em vossa insipien-
cia se conhece donde provenha aquella lei que a conserva ; que sois a
Lûz do Mundo, porque em vossa
ignorancia se conhece donde venha
aquella sciencia que o illumina; que
sois a Cidade fundada sobre o monte, porque em vossa baixeza, se conhece donde tenha origem aquella
virtude, e aquella força que a vence,
e que a supplanta.

E que outra Religião no Mundo
póde mostrar hum sinal tão mani-
festo de que seja Deos o seu Author? Commovi, e revelei os fundamentos da santa Cidade, e mostrei
como he a obra Divina, por que está
fundada sobre o nada. Agora remo-
vamos, e revelemos os fundamentos
de Samaria, e vejamos como he obra
humana, porque tem por pedras fun-
damentaes a arte, a força, o interes-
se, as paixões, a cubiça. Romanos,
vós abraçastes a Idolatria ; e que muito, que tenhais abraçado huma Religião, que de huma parte foi promo-

vida por hùm Rei sagaz, politico,
e astuto, se de outra parte authoriza-
va os vicios inserindo entre os Deo-
ses os viciosos? Povos da Asia, sub-
mettestes o pescoço á lei de Mafo-
ma; que muito, se o vosso legislador foi hum legislador armado de
hum alfange, e commandando á frente de hum exercito de cem mil soldados? Eu me admiro que recorres-
se á força, quando promulgava huma
lei, que dava tanta liberdade. Cal-
vino, Luthero, e outros semelhantes
monstros, vós pervertestes Provincias,
e Reinos; mas fostes Mestres da re-
bellião, ensinastes, não a supportar
hum jugo, mas a sacudillo; não a en-
riquecer Igrejas, mas a despillas; não
a manter, e guardar os votos, mas a
quebrantallos. Fostes sustentados pelos Poderes do Seculo; mas chamas-
tes em vosso auxilio as paixões dos
Grandes, e os fizestes servir de braço, e escudo á vossa Apostasia. Estas, e outras semelhantes são as pedras, sobre que se fundárão estas
Torres de Babilonia, pedras sepulta-

das nos'alicérces, para que sirvão de base a estes indignos edificios, e ao mesmo tempo pedras descubertas, para que possão ser visitadas dos olhos de todos; pedras, que não só são obra do homem, mas obra da carne, obra das trevas; pedras talhadas, e postas em obra pela humana depravação, sobre as quaes he impossivel que se levante o culto de Deos, porque sobre ellas se levanta a irreligião; e a impiedade. Pelo contrario, *Dominus fundavit Sion*. A Cidade de Sião, que he a Igreja, não tem fundamento humano sobre que se firme, e levante. Está suspensa, e librada no seio de Deos, o qual, paraque esta verdade se descobrisse, e fizésse evidente; escolheo com infinita Sapiencia, para a fundar, tudo quanto era desprovido de meios para o conseguir; para que nunca o incredulo pudesse presumir que o seu Fundador pudesse ser outro, que não fosse Deos. *Dominus fundavit Sion*.

E se resplandece a Sabedoria Divina nos instrumentos, que empregou para fundar a sua Igreja, resplandece ainda mais, na maneira de fazer abraçar as incomprehensiveis verdades, que ensina. S. Paulo, fallando dos Sabios deste Mundo, diz, que pelos principios de sua sapiencia nunca chegárão a conhecer a Deos. Com effeito, se quizermos examinar o que pensárão de Deos: os primeiros Sábios da Antiguidade, acharemos que todos, mais ou menos, dérão na impiedade, ou na extravagancia. Huns o fingírão corporeo, outros composto de átomos, outros de numeros. Huns lhe negárão a Providencia, e, para que mais a seu commodo gozasse do Ceo, o fizerão ocioso. Outros restringírão, e circumscrevêrão seu poder, sujeitando-o a huma certa fatalidade de leis, que tyrannizava com força a sua vontade. Outros aviltárão a excellencia de sua natureza, suppondo-o capaz de todas as paixões humanas. Desafião nossa compaixão, quando os ouvimos discorrer sobre a Religião: semelhantes aos que assoprão o fogo, não fazião mais que levantar cinzas para cegar-se. Huns nada duvi-

davão; outros de tudo. Huns erão
tímidos; outros ardimentosos em definir; e o que mais he, a maior parte não só vivia discordante dos outros, mas de si mesma: reprovavão
hoje o que hontem tinhão abraçado,
e decidido. Se taes erão os Sábios,
imaginai qual seria o povo. Abatido,
e oppresso debaixo do jugo de huma
cega superstição, adorava as creaturas
mais vís, incensava troncos, e insen-
satos simulacros, tremia diante de
hum Nume, que elle formava, e pu-
nha sobre o altar; e compondo seu
culto de ceremonias ou vãs, ou sa-
crilegas, deo o nome de Religião a
suas loucuras, e chegou a dar nome
de Religião a seus mesmos vicios?
Em summa, permittio Deos, que o
homem désse huma prova funesta da
fragilidade da sua razão, e mostras-
se que seu entendimento, e sua sapiencia só erão capazes de o conduzir
ao erro; e que sómente Deos era capaz de o conduzir ao conhecimento
da verdade.

Ora já que o Mundo não conhe-

céo a Deos com a sapiencia;; a Sapiencia de Deos achou meio de se fazer conhecer do Mundo. E porque
meios conseguirá elle este fim? Suas
verdades, seus mysterios são muito
superiores á nossa curta, e misera ca-
pacidade; nem serião cousas proprias,
e dignas de sua Divina Essencia, se
fossem proporcionadas ao nosso modo d'entender. Pois já que o entendimento, porque he muito apertado, as
não pode abraçar, abrace-as o coração, que he vasto, e que he immenso; e já que a razão não tem lume
bastante para as encarar, dobre-se,
sujeite-se, curve-se diante dellas por
veneração. A vontade, que tem braços
que bastem para as circumdar, aper-
te-as a seu seio com affecto. Dest'arte
o que falta ao entendimento he sup-
prido admiravelmente pela vontade,
que tem hum seio desmedido para as
conter em si, e que tem em seu amor
huma luz bastante para as penetrar.

Não cuideis, Senhores, que eu
vos proponha huma fantasia mais en-
genhosa, que verdadeira. Proponho-

vos huma verdade Theologica, proponho-vos hum dos maiores milagres da Sapiencia Divina, para dar a conhecer ao Mundo as suas verdades. Preparou Deos a vontade do homem, para que fosse o receptáculo da Fé: seja pois a Fé primeiro recebida pelo coração, e depois pelo entendimento. Deos com certas affeições suasivas; com certos impulsos do Espirito Santo, moveo o coração dos homens a amar mysterios, por si mesmos tão superiores ás curtas luzes da razão: apenas se moveo o coração, veio subito o entendimento, e sem difficuldade se sujeitou a veneralias, e acreditallas; e de que outra maneira poderião os Apostolos propôr ao Mundo as verdades sublimes da Religião, e serem logo recebidas, e acreditadas? Como? Faltava, assim he, a estas verdades luz para se fazerem entender; mas não lhes faltava força para se fazerem amar: não se deixavão vêr; mas fazião-se sentir: erão obscuras para o entendimento, mas claras para a vontade, porque amando-as, como fazia, experimentava em si hum certo calor, que se lhe transformava em luz. Desta fórma se reduzírão os homens a crêr, e achárão de hum certo modo ligada, e unida em si mesmos a Fé com a sciencia; a Fé no entendimento, a sciencia no coração. Fé, que considerada no entendimento, tem a certeza da verdade, mas sem clareza; e considerada no coração, tem aquella clareza que falta ao entendimento. Neste Mundo temos em parte sciencia, e lume das cousas de Deos; porque ainda que do lado do entendimento não haja em nós nem sciencia, nem luz, ha lume, e ha sciencia da parte do coração; e taes forão as artes da Sapiencia Divina. Intíma ao Mundo a Fé, e o obriga a crer, e ao mesmo tempo communica ao coração certas internas disposições, que o obrigão a crêr, e lhe facilitão a crença. De huma parte trata o entendimento do homem com imperio, obrigando-o a sujeitar-se, e de outra parte maneja, e leva o coração com doçura, fazendo que lhe agrade a submissão , temperando ó ascendente imperioso da. Fé com as doces impressões da sua graça; e assim attrahio o Mundo, e attrahe ainda os povos mais contumazes á verdadeira crença.

Sim , Senhores , assim acontece ainda em nossos dias ; e esta prova tem a mesma clareza em nossos tempos, que teve no tempo dos Apostolos. Vejamos isto com brevidade, e consolemo-nos com a evidente innegabilidade dos artigos, que acreditamos. Hum pobre Sacerdote de Jesus Christo , Ministro do verdadeiro Deos , emprehende huma viagem de mais de seis mil legoas, para annunciar até no seio da mesma China as nossas sacrosantas verdades. Chega finalmente a táo remotos climas; avança, e penetra , mostrado com o dedo como hum barbaro, e escarnecido como hum vagabundo: começa poucó a pouco a juntar o povo , e entrando a expôr-lhe o motivo da sua vinda, e a fazer-lhe entender com authoridade, que cuidem em mudar de Religião, se náo

querem ficar perdidos por· seculos
eternos : e começando a expôr-lhes
circumstanciadamente os nossos mysterios , expóe-lhes · como· o Filho de
Deos encarnára para remir o Mundo;
como nasceo , com portento, de huma
Virgem; como morreo com ignomi-
nia sobre huma cruz. E que acontece? Ainda que todas estas cousas de-
vessem parecer não só novas, mas ri-
diculas, loucas, e impossiveis a homens preoccupados de ·mil errós , e
superstições, soffrem quem lhas diz,
e o escutão com attenção; e deixando-
se pouco a pouco persuadir, se ren-
dem finalmente, e cativão o entendimento á sua incomprehensibilidade.
E como? Aquelle que lhes falla hé
hum homem em apparencia desprezi-
vel, e vil: as cousas de que lhes falla, são cousas que lhes parecem repugnantes , e contradictorias. Vivem
cheios de soberba, aborrecem as no-
vidades, e abominão os estrangeiros.
Se vissem ao menos confirmado· o
discurso do Ministro Apostolico·com
milagres estrepitosos! Porém ·a·mão

de Deos que os derramoŭ com profú-
são nos primeiros tempos da Igreja;
ainda que não esteja abbreviada, parece com tudo escassa. Quem os obriga pois a render-se, e sujeitar-se ?
Move-os huma certa doce violencia,
que sentem no coração. Não enten-
dem a sublimidade destes mysterios;
mas sentem a sua força. Deos prin-
cipia a ganhallos pelo coração; e ser-
vindo-se de piedosas affeições, e de
amaveis impulsos, antes de sujeitar o
seu entendimento, tem já ferida a
sua vontade. Julgão das verdades que
escutão, não do que escutão; mas do
que experimentão. Por esta razão elles, e nós podemos dizer a quantos
existem fóra da Igreja Catholica estas
palavras do Salvador: *Vos adoratis
quod nescitis ; nos adoramus quod
scimus*; porque além da Fé, temos
huma quasi sciencia da verdade que
acreditamos; sciencia não de entendimento, mas de coração. Crê o entendimento, mas o coração sabe. Com
o entendimento cremos que Deos fal-
lou, com o coração sabemos, e sen-

C

timos que falla. Oh Sapiencia admiravel, que descubrio e descobre ainda
pelo caminho do coração as suas verdades; no mesmo acto que descobre o
prodigio, esconde seus caminhos ao
entendimento !!

Assim resplandece a Sapiençia Divina em nossa Religião; vejamos como resplandece o poder. Em primeiro lugar, como resplandece esta Omnipotencia nas maravilhas que operá-
rão os Apostolos, e os seus successores? A Natureza tem certas leis, que
não podem ser forçadas senão de seu
Author; e ainda que seja grande o
poder dos homens, só a Omnipotencia Divina póde elevar-se á operação
dos milagres. Deos pois que costu-
mava conservar-se escondido, para o
dizer assim, debaixo dos véos da Natureza, rasgou estes véos, e se mostrou com a pompa mais estrepitosa
que os seculos virão, para comprovar
as suas leis com seus milagres, que
são, deixai-me explicar assim, os
seus juramentos. Para jurar que a lei
era sua, deo seu braço aos Aposto-

los, e os fez depositarios da sua Omnipotencia, e lhes conferio huma Pa-
tente, ou a investidura de prodigios,
e obrigou o Mundo a não poder deixar de os reconhecer por seus Lega-
dos, vendo-os providos, segundo as
fórmas, de huma semelhante facul-
dade. Não deferírão hum só momento o uso do poder, que lhes fòra com-
municado. Fallavão de hum Deos cu-
berto com as sombras da nossa carne;
e para confirmar esta verdade, com
a sombra de seus corpos, que dava nos
enfermos, desterravão dos corpos as
suas enfermidades. Fallavão de hum
Deos morto em huma Cruz por nosso amor; e em prova disto, chama-
vão da sepultura os mortos outra vez
á vida; e os mortos lhe escutavão a
voz, e vinhão respirar a luz do dia.
Fallavão contra a Idolatria; e aquelles Idolos, que antes tinhão voz para
enganar, se tornavão mudos, e não
tinhão palavras para se defender. Em
summa, para comprovar a verdade
do que annunciavão, não fazião mais

que derramár por toda a párte milagres, e portentos.

Admiraveis portentos da mão, de
Deos, vós existis ainda vivos nas
Santas Escrituras, e nos Annaes da
Igreja. Direi mais, ainda existis vivos nas Historias dos mesmos Idola-
tras. Fostes tão públicos, que, para
convencer qualquer domestico incredulo, podemos allegar mil testemu-
nhos tirados dos nossos mesmos inimigos. Fostes além disto tão univer-
saes, que para onde quer que me vol-
te encontro innumeraveis memorias,
que me fallão de vós: e se os Gregos
mostravão em cada huma das suas
pedras a memoria de algum feito, ou
empreza, nós podemos dizer que os
Christãos mostrão sobre todas as pedras a tradição de algum milagre. Cada palmo de terra está consagrado
com algum portento, e aquelles pai-
zes que agora são os mais barbaros
por seus habitantes, não são menos
santos por seus monumentos. Os
Apostolos, e os seus successores cor-
rêrão todo o Mundo — *in veritate*

signorum, et prodigiorum. Aqui forão, aqui prégarão, aqui authenticárão a sua prégação com seus milagres. Este chão que pizárão, assim como foi sanctificado com o contacto de seus pés, foi honrado com os seus prodigios. Este ar, estes elementos, estas creaturas, que nos cercão, ouvírão a sua voz, obedecêrão a seu imperio; e por meio destas maravilhas entrou a Fé em as nossas Cidades, foi recebida pelos nossos Maiores, e foi transmittida de pais a filhos, pura, e immaculada como he até ao presente momento.

E por ventura, além dos milagres, não póde a Religião Catholica produzir outros signaes da Divina Omnipotencia? Quando estes não bastassem, eis-aqui outros não inferiores na morte dos Martyres pela Fé, dilatando-a com o seu martyrio. Porém antes que todas as Potencias conjurassem contra a Religião, tinha ella nascido no Mundo. Todos os Edictos dos Cesares se dirigírão a prohibir o seu exercicio; todas as inquisições dos Tribunaes tiverão por objecto impedir seus progressos; todas as espadas dos Algozes se desembainhárão para punir os seus sequazes. Levantão os Fiéis a Cruz para a adorar; e de repente os Tyrannos alção mil cruzes para os crucificar, resolvidos a usar de todas as invenções da barbaridade para abolir o nome de Christo, e dos Christãos. Mas que conseguírão aquelles Impios, salvo o fazer vêr ao Mundo o que póde hum Deos no coração de seus verdadeiros adoradores? S. Bernardo, fallando dos Apostolos, diz que elles são verdadeiramente aquelles Ceos, de quem está escrito, que annuncião a gloria de Deos; que Deos, artifice, e habitador destes Ceos animados, toou por meio delles aos ouvidos do Mundo; e que o Mundo tremêra primeiro ao estampido deste trovão, e que depois acreditára. Ora este Mundo, que antes de crer teme os Apostolos, ainda que inermes, depois de crer não teme nem Monarchas, nem Juizes, ainda que armados. O temor in-

troduzio a Fé, e a Fé já introduzida
lançou fóra o temor. O temer os
Apostolos foi nos homens huma pre-
paração para a Fé; mas o não temer
os Tyrannos, depois de ter recebido
a Fé, foi huma prova authentica, e
manifesta, de que a sua Fé era de
Deos. Póde hum homem por si mesmo não evitar a morte; mas arrostal-
la, sahir-lhe ao encontro, e não só
soffrer os tormentos mais atrozes,
mas buscallos, desejallos, e preferil-
los a todas as delicias do Mundo, não
he obra do esforço humano. Isto he
levantar-se sobre a humanidade, e pas-
sar além dos confins de homem a huma ordem superior: he hum poder,
he huma força, que conclue indubitavelmente hum não sei que de Divino.

Eis-aqui o que se vio nos primeiros Christãos, homens sempre prom-
ptos, sempre expeditos para morrer,
como lhes chama S. Bernardo: *Ge-
nus hominum morti expeditum.* Sof-
frião os tormentos com huma tal pa-
ciencia, que se não podia bem definir,

nem se podia resolver se elles estávão
no corpo, ou fóra do corpo; porque
parecião como estrangeiros em seu
mesmo domicilio, ou que tinhão huma alma cingida de membros não
seus, ou como se suas almas andas-
sem em peregrinação fóra de seus
membros, ou verdadeiramente em des-
terro fóra dos confins da vida. Os mais
debeis, ou pela idade, ou pelo sexo,
não forão os menos fortes; e por isso merecêrão ser os mais admirados.
Os mais tenros meninos, as donzel-
las mais inermes e fracas, corrião á
morte com huma certa rapidez, que
podia parecer precipicio de hum fu-
rioso, que corre por desesperação; porém a desesperação não he nem tão
contente, nem tão alegre. Ficavão a-
tonitos os mesmos Algozes vendo in-
sultados os seus tormentos, e vendo
que se temia ainda mais a sua compaixão, que a sua crueldade. Entre tanto gemia o Mundo debaixo do pezo
dos estragos, e carniçarias, e a terra
costumada em tantas derrotas de exer-
c.tos a gemer debaixo do pezo dos

mortos nunca sustentou em si hum número de cadaveres mais excessivo ;
nem o Ceo acolheo em si hum povo
de almas mais numeroso. Todos os
dias entravão naquella Santa Cidade
esquadrões de Martyres com suas palmas nas mãos. Tempos felizes para o
Ceo, porque forão os tempos da sua co-
lheita; tempos infelizes para a Igreja,
porque parecião os tempos de sua de-
solação. Pobre Rachel! Quão exces-
siva foi a amargura da tua dor, vendo os estragos de teus filhos! Ah! ex-
clamava ella, apenas dei á luz estes
filhos, eu os vejo arrancados dos meus
braços, e transplantados aos braços
de hum verdugo! Eu perco repenti-
namente o nome de mãi, apenas o tinha adquirido! Foi infeliz a minha
fecundidade, pois não serve mais que
de encher as Catacumbas Romanas,
e dilatar os espaços dos Cimiterios.
Chora os seus filhos, e não admitte
consolação, porque não existem.

Mas não derrame lagrimas, con-
sole-se, porque a sua fecundidade de-
pende da sua morte. A morte, que

he a cousa mais esteril, que ha no
Mundo, será para ella á semelhança
de hum seio fecundo de infinitas ge-
rações. Oh! Divina, oh! incompre-
hensivel Omnipotencia! Estabelece
seu Imperio por aquelles mesmos caminhos, por onde os outros se des-
troem. São destruidos os seus altares,
são mortos os seus adoradores; e estes altares abatidos, estes Profetas
assassinados, são, ou formão a dila-
tação de seu culto. Seu infinito poder
faz servir estas ruinas, e estes mortos
para aquillo mesmo, que parecia
mais repugnante, permittindo que
estas mesmas ruinas se levantem em
Templos, e que estes mortos submet-
tão, e avassallem toda a Terra. O
sangue dos Martyres he hum germen,
que produz Christãos, e as espadas dos
Tyrannos, que devorão seu sangue,
não são espadas, são arados, que
fendendo as entranhas da Igreja, a pro-
vocão a huma nova fecundidade. Cor-
rêrão os Tyrannos a arrancar, e de-
molir a vinha do Senhor das Gentes;
diz Isaias: *Vineam Domini gentium*

exciderunt ; mas não lhe·cortaváo
hum renóvo, que não brotassem innumeraveis; e julgando, que arran-
cando-lhe as raizes a farião seccar,
a tornárão mais viçosa, e mais fru-
ctifera. Dentro em pouco estendeo
seus ramos além dos mares, e cubrio
com sua sombra, e com seus fructos
toda a terra habitavel. Porém esta
força nos Martyres para·supportar a
morte, esta virtude na morte para
dilatar a Religião, não são cousas
que·excedão o poder humano, e que
não possão provir senão de Deos como de seu principio? Sim, só Deos
podia dar este poder: elle concedeo
aos Martyres huma outra tempera,
que os fez como independentes da sua
carne, que os obrigou não a aborre-
cer a morte, mas a abraçar-se com
ella, e a contalla em o número de seus
alliados. Só elle quiz que a Religião,
que nasceo das feridas de seu peito,
crescesse por meio das chagas, e das
feridas, e que o sangue que vertia lhe
servisse de leite para a sustentar; em
huma palavra, que fosse huma obri-

gação de seus progressos sua mesma destruição. Oh! Omnipotencia,
oh Omnipotencia, exclama aqui S.
Bernardo: *Vere Omnipotens es, qui
ipsas miserias fecisti omnipotentes.*

Prosigamos, Senhores, por este
admiravel caminho, e vejamos como
além das claras luzes que já vimos,
resplandeção sobre a face da Religião novos raios da Divina Omnipotencia. Deve causar summo prazer a
hum verdadeiro Christão repassar pela lembrança as glorias da sua Religião, como apraz ao grande da Terra revolver os antigos monumentos
da sua familia. Venceo a Religião os
Tyrannos, e os venceo, crescendo, e
augmentando-se por tres seculos debaixo dos fios da sua espada; porém
acabando-se a perseguição dos Tyrannos, venceo outros inimigos mais
formidaveis, e forão os Hereges. Como a Religião abraça dois objectos,
seus Dogmas, e sua Disciplina, levantárão-se contra ella duas qualidades
de inimigos, huns oppostos á sua cren

ça, outros aos seus costumes. O De-
monio levantando contra a Religião
ora hum entendimento orgulhoso,
ora huma vontade pervertida, humas
vezes combatia as cousas que propóe
para objectos da Fé, outras combatia as que se referem aos costumes;
as primeiras como falsas, e as segun-
das como impossiveis, ou como su-
perfluas; mas ainda que fossem nu-
merosos, e fortes os seus adversarios,
a Omnipotencia de Deos sustentou a
Religião contra todos os seus esforços. Sustentou em primeiro lugar a
sua crença. Revolvei, Senhores, os
Annaes da Igreja, e encontrareis a
cada passo os seus triunfos. Achareis
que a mentira não póde prevalecer
contra a verdade; e que todos os er-
ros cedo, ou tarde se dissipárão como nevoa aos raios do Sol, e que todas as Heresias como fragil barro se
desfizerão, e quebrárão ao toque da
pedra angular, que he Jesus Christo:
A Vara de Arão devorou as varas
de todos os Magos, isto he, a mentira foi engolida pela verdade. Aquel-

le Arianismo, que tanto se estendeo, que por pouco não foi a Religião dominante de todo o Mundo, se se mostrou tão poderoso, foi unicamente para mostrar a Omnipotencia de Deos que o aterrou. Outras infinitas seitas de Manicheos, e Donatistas, que se levantárão contra a Igreja nos seculos antigos, forão com effeito destruidas, e não ha dellas outros vestigios mais que as memorias, e os vestigios que nos mostrão ainda a sua destruição. E nestas ultimas idades quantas victorias temos visto? Oh Revolução! oh Revolução! Tu es huma prova da verdade da Religião. Foste destruida, e este estrago he a victoria da Fé, que tu pertendeste abolir da Terra, e querendo sobre as ruinas da Religião estabelecer o Atheismo, este monstro existe a seus pés não só maniatado, mas extincto. Quebrou a Religião restabelecida, para me explicar na frase de Isaias, o freio do erro na boca de hum grande povo. Mas confessemos ao mesmo tempo que huma tão grande empreza, não se podia conseguir por meio do poder humano por maior que fosse, e que só pela mão de Deos foi abatido este monstro, que, se ainda vive em alguma parte de si mesmo, sobrevive, para o dizer assim, em seu cadaver, a quem não falta senão o tempo para lhe dar sepultura. E em quantos lugares do Christianismo tem a Religião triunfado com igual victoria! O que tinha aprestado a mão para o incendio a retirou, diminuírão-se as chammas, e vão pouco a pouco caminhando a seu fim; em muitas partes estão extinctas, e apenas fumão ainda as suas cinzas. Assim apraz á Divina Misericordia; que onde são mais furiosas as chammas entre bem depressa, para as apagar, aquelle espirito do Senhor, que he espirito de orvalho, e de luz.

Assim como a Omnipotencia sustem a crença da Religião, sustem igualmente a sua Moral. Em todos os tempos desagradou a muitos a Religião Catholica, não só porque he muito sublime o que propõe para crer;

mas porque he muito difficultoso o
que propõe para praticar. Ainda em
nossos dias muitos dos barbaros não
tem difficuldade em acreditar nossos
mysterios. E como a poderião ter,
se cada hum delles em suas seitas
acredita cousas tão estranhas, e tão
repugnantes, que tem mais que vencer em acreditar as suas loucuras,
que as nossas verdades? O seu trabalho consiste em sujeitar-se ás nossas
leis. Estas tem rebellado á Igreja cem
Nações, e conservão ainda muitos
Povos na infedilidade. Huns se declá-
rão contra a penitencia como hum
pezo muito gravoso, outros contra o
nosso culto como cousa muito super-
sticiosa, outros contra a castidade
como hum preceito muito difficil.
Mas que conseguírão? Nada mais
que mostrar a depravação de seus corações sem alterar a pureza da nossa
Religião. Por mais esforços que hajão
feito as paixões humanas, não puderão ainda abolir huma só Lei no Có-
digo da Religião. Que digo eu abolir? Não puderão adoçallas, ou tem-

perallas na mais pequena parte. Depois de tantos, e tantos seculos, com tantos, e tantos inimigos, cada ápice do Evangelho conserva ainda todo o seu rigor. Aquelle sacrosanto jugo, que trouxerão os Apostolos, hc o mesmo a que ainda submettemos o nosso pescoço, sem que se torne mais ligeiro, ou pelo tempo que estraga todas as cousas, ou pela violencia que as rompe. Muito cumpria á humana fraqueza alargar os caminhos do Ceo, e dilatar-lhe algum passo mais: Muito cumpria que as portas do Paraiso fossem menos apertadas. Mas não, estas portas são de bronze, não se podem alargar mais. Embora se quebrantem muito os Divinos preceitos, todos confessão que elles obrigão. Não he o homem casto, mas conhece que o deve ser; commettem-se delictos, mas sentem-se remorsos; e ainda que se obre contra a Lei, a Lei não dorme, mas grita, e chama a seu tribunal os transgressores.

Mas esta liberdade de transgredir a Lei, he o ultimo, e talvez que o

D

maior signal de que Deos assiste á sua Religião, pois a faz triunfar da depravação de seus mesmos sequazes, inimigos tanto mais formidaveis, quanto são mais ocultos, e mais domesticos. Sou obrigado a fallar das nossas ignominias, e me envergonho, que devendo fazer a resenha das palmas alcançadas pela Religião em suas victorias, deva por necessidade encontrar-me com os nossos despojos. Eu o sei, mas não imaginava ler entre os titulos dos vencidos tambem o nosso nome. Mas he assim, triunfa a Religião de nós, sustentando-nos contra nós, não obstante a guerra terrivel, que nós lhe fazemos com os nossos vicios. A' vista delles, quem não diria não ser possivel que dure huma Religião contra a qual se revoltão os seus mesmos filhos? Observai como se vive nas Cidades mais Catholicas, como em Lisboa se vive. Com quanta facilidade derramão aqui huns o sangue dos outros! Quantas inimizades ha entre os particulares, quantas discordias nas familias! Que

licença, e devassidão nos mancebos!
Que avareza nos velhos! Que injustiças nos Tribunaes, que violencias
nos soldados, que prepotencias nos
Nobres, que enganos nos Plebeos,
que luxo, que vaidade, que liberdade nas mulheres! Se Deos não tives-
se aqui deixado algumas almas justas,
semente, e reliquia dos seculos santos, seria esta Cidade semelhante em
tudo ás Cidades do Paganismo. Quantos entre os Gentios, porque nós vi-
vemos com elles na Asia, na Africa,
e na America, recusão crer como nós?
Eis-aqui os damnos, que causão os
nossos vicios á Religião. O Infiel não
se resolve a abraçalla, o Fiel a perde.
Não se alistão debaixo das bandeiras
do Deos de Israel muitas trópas au-
xiliares, que se alistarião, e aquellas
que seguem estas bandeiras, fazem
quanto podem por destruir seu campo, abater seus estandartes, e fazer
retroceder a Arca Santa, que devião
defender, e guardar! Tropas rebel-
des, debalde vos afadigais! Os arraiaes
de Deos devem subsistir até á con-

summação dos Seculos. Aquella Arca mystica da Alliança, em que se conserva a sua Lei, e os seus mysterios, ainda que ameace cahir, não cahirá jámais. Não ha necessidade de mãos profanas para a sustentar, Deos com a sua dextra impedirá a sua queda. Sua Omnipotencia a conservará firme entre os combates, e fará ver que esta firmeza não póde ser senão huma impressão de seu braço Divino, o qual, não satisfeito de authenticar a sua Religião com a virtude dos milagres, com que a promulgou por todo o Mundo, com a effusão do sangue em que a sustentou contra os Tyrannos, com a força do saber com que a sustentou contra os Hereges, a authentica finalmente com o nosso viver depravado, e faz servir á sua firmeza os nossos mesmos peccados.

Que dizeis, Senhores ? Podia eu mostrar-vos mais claramente como se descobre em nossa Religião a Omnipotencia, e a Sapiencia de Deos, que a fundou ? Eis-aqui porque a compára Santo Agostinho á Arca de Noé, chamada pelos Santos trabalho não dos homens, mas de Deos, porque Deos com a sua Sapiencia deo o desenho, lançou as linhas, regulou as medidas; porque Deos com a sua Omnipotencia obrigou a acoutar-se dentro as féras mais indomitas; porque a sustentou entre as refegas do vento, e as procellosas ondas do Diluvio. Mas sobretudo he figurada a Religião na Arca de Noé, porque fóra della não ha salvação. Quem existe fóra, está perdido. Só he permittido sahir alguma vez com o pensamento, correr vagando por outras seitas, para acontecer aquillo, que aconteceo á Pomba mandada por Noé fóra da Arca, que não vendo mais que cadaveres immundos, e recusando pousar sobre aquella immundicie, tornou apressada á sua primeira habitação, que se lhe devia mostrar mais prezada, e amavel depois que vio que fóra della não havia mais que podridão, e morte. Ah! Se nós somos verdadeiramente Christãos, se entendemos o que signifique

este nome, como não amaremos huma Religião, que provem manifes-
tamente de Deos, huma Religião pré-
gada por homens que a authenticárão com as maiores de todas as maravilhas! Huma Religião comprova-
da, sustentada com tantos prodigios,
que podemos dizer, que são taes que
não deixão liberdade á nossa crença!
Nesta Religião por Misericordia de
Deos nascêmos, e crescêmos. Os nossos Maiores a deixárão como a mais
preciosa de todas as heranças. Nella
se fizerão receber apenas nascidos,
nella se confirmárão crescidos, nella
permanecêrão até o instante de espi-
rar; e neste ponto, em que tanto se
ama, e o direi ainda melhor, se conhece a verdade, nella protestárão
dar a Deos o seu Espirito, contentes
em sua morte, porque deixavão no
peito de seus successores a sua crença. E achareis vós no ponto da morte
hum Christão, que se haja arrepen-
dido de ter vivido no seio da Religião
Cathólica? Não vemos todos os dias

o que acontece aos mesmos impios? Depois de haverem vivido n'oùtra crença, querem morrer em a nossa! Oh força da verdade, que se descobre tão bem nas vizinhanças dos Juizos Divinos! Ora esta verdade, que a algum se descobre tão tarde, se nos descobrio a nós, e se nos manifestou antes que a idade nos permittisse conhecella, mandando, que, pois não podiamos por nós mesmos, houvesse quem supprisse o nosso conhecimento.

O ultimo rasgo das perfeições Divinas, que resplandece na Religião, he a santidade. E que outra cousa se póde descobrir naquella Religião, de quem se diz, que Deos he o Author? Esta santidade se descobre na santidade de seus Mandamentos, tão conforme á sua purissima natureza. E que santidade mais eminente do que aquella que nos prescreve o Evangelho? Quer que amemos a Deos mais do que nos amamos á nós mesmos, que amemos o proximo como nos amamos a nós. Quer que huns per-

maneção unidos aos outros com huma
união, que mais que sociedade, se
possa chamar fraternidade. Quer os
filhos sujeitos ao pai com huma sujeição, que pareça servidão pela pon-
tualidade da obediencia, que pareça
liberdade pela promptidão, e pelo
amor. Quer os pais superiores aos
filhos com commando, que tenha toda a força da dominação, e toda a
doçura da piedade. Quer os servos
sujeitos aos amos, não por necessidade, em que os constitue a sua condi-
ção, mas pelo prazer que achão em
submetter-se ás ordens da Divina Providencia. Quer os amos superiores aos
servos, mas com huma superioridade
que se mostre mais no cuidado de os
prover, que em o rigor de os cas-
tigar, e, quanto lhes for possivel, lhes
não tirem mais a liberdade de obrar
mal. Quer os Principes amantes de
seus Vassallos, e os Vassallos reve-
rentes a seus Principes; que os primeiros adocem seu commando, con-
siderando os subditos como irmãos,
e que os segundos santifiquem a sua

dependencia, honrando nos Principes
o mesmo Deos. Não quer divisões
entre as familias, queréllas entre os
particulares, injustiças entre os Nobres, mas que todos vivão na união,
na justiça, e na innocencia. Manda
praticar virtudes incognitas aos sábios
deste Mundo. Hum amor dos inimigos tão generoso, que não só suspen-
da a mão para os não ferir, mas que
a empregue em os servir, não por
vaidade de servir hum inimigo, mas
por hum principio interno de amor,
como se servisse hum amigo. Intíma huma humildade tão profunda,
que no meio das honras não saiba dizer que cousa seja vaidade, e com-
placencia. Huma castidade tão deli-
cada, que não só embride o ardor
das paixões, mas a liberdade dos desejos, e, quanto puder, até os subita-
neos pensamentos.

Em summa he tal a santidade, que
prescreve a Religião, que como se
mandasse cousas impossiveis, foi chamada de hum impio *Lex impossibi-
lium.* Mas quem não vê que esta

blasfemia se torna em luminosa pró-
va de sua santidade? Observai a força deste argumento. Aquella Lei que
parece aos Mundanos impossivel, parece aos Christãos não só possivel,
mas facil, e gostosa. Logo esta Religião provem indubitavelmente de
Deos. Huma Religião que vem de
Deos, deve ser abraçada, e praticada
pelos homens, deve ser tal que por
sua santidade seja proporcionada á-
quelle Deos que a promulgou, e que
pela sua execução seja proporcionada áquelles homens a quem foi pro-
mulgada, e que a devem praticar.
Vem de Deos? Logo deve conservar
hum tal caracter de santidade que
admire, e assombre, deve ser praticada pelos homens, e os homens re-
cebem de Deos huma tal força, que
lhes torna a sua observancia não tra-
balhosa, mas gostosa, facil, e agra-
davel.

Eis-aqui o que acontece. E com
effeito, onde existírão homens tão
santos, e perfeitos como existírão
entre nós? Não dissimulemos esta

vantagem sobre todas as Seitas; mas
referindo as nossas glorias, distingua-
mo-nos em tudo daquelles que não
são Christãos, referindo-as a Deos
de quem procede todo o bem. De-
clamavão os antigos Filosofos contra
as paixões; mas nem por isto as mo-
deravão mais do que os outros: lou-
vavão a virtude, mas nem por isto a
abraçavão, e seguião mais do que os
outros. Erão virtuosos nas palavras,
bravos na lingua; porém viciosos nas
obras. Contentavão-se com proferir
grandes discursos, mas não se davão
ao trabalho de concertar seus costumes. Em poucos se achava a mansi-
dão, em nenhum a humildade. O que
parecia mais brando, era o mais so-
berbo. Hum homem casto era con-
siderado como huma raridade; huma
virgem, como hum impossivel. Porém na Religião de Jesus Christo se
vírão em toda a parte florecer os li-
rios da pureza, e com tanta abundan-
cia, que até florecêrão nos mais aspe-
ros desertos. No seio da Religião se

vírão as solidões cheias de santissimos
Penitentes, as Cidades de inculpaveis
habitadores. Vírão-se rejeitar as riquezas, não por desejos de gloria, mas
por amor da pobreza; desprezar as
honras, não porque quizessem viver
ociosos, mas porque quizerão, e ama-
rão viver obscuros. Vio-se triunfar
no coração dos offendidos a mansi-
dão, reinar no coração dos mancebos
a temperança, e por fim, no mesmo
sexo mais imbelle reinar a fortaleza.

Que digo eu virão-se? Graças á
Divina Providencia! Ainda que a caridade tenha arrefecido, não está ex-
tincta. Prevaleceo, por nossa desven-
tura, por vinte cinco annos a disso-
lução, e a liberdade; mas todavia a
virtude ainda tem seus cultivadores.
Vio-se gente viciosa; mas não se vê
a virtuosa, porque se esconde, porque he humilde, e modesta, porque
foge do consorcio, e do contagio do
Mundo. De outra parte não fallecem
homens de bondade tal, que mos-
trem conformada a sua vida á santi-

dade mais sublime da Religião. Ha claustros separados do humano commercio, onde vivem huma vida mais angelica, que humana. Existem no coração do Mundo homens abstinentes entre as Taças impudicas de Babilonia, vivendo intactos entre as chammas que os circumdão. Ha nos mesmos exercitos homens que passão huma vida incorrupta entre a mesma lincença das armas. Haverá neste immenso Auditorio homens incognitos a mim; mas conhecidos a Deos, de quem só esperão a recompensa das suas virtudes. Ha ainda na Religião, quem represente com a santidade de seu viver a santidade do mesmo Author da Religião. Negue quem puder, que a Caridade de Deos não esteja esculpida em tantos Solitarios, que o amão com o amor perfeito, em tantos Magistrados que cumprem seu ministerio com tanta exactidão: Que a sua Sapiencia não esteja esculpida em tantos Doutores que empregão a sua sapiencia em defender a

Religião, em tantas Virgens que se consagrão a elle, em tantos homens Apostolicos, que por elle se canção.

Como he possivel que huma Religião tão santa, que fórma homens tão santos, possa ser hum erro no homem que crê? Confessemos com alegria que Deos está entre nós! E se houver algum homem, cuja razão não abrace estas verdades, neste homem não ha razão.

Disse.

Vende-se este Sermão na Loja de João Henriques, na Rua Augusta n.º 1, onde tambem se achão os seguintes do mesmo Author:

Sermão prégado na Igreja da Encarnação em Outubro de 1818 nas Exequias do Barão de Quintella.

Sermão das Dores de Nossa Senhora, prégado na Real Capella de Quéluz, na Féstividade que mandava fazer a Serenissima Senhora Princeza do Brazil, Viuva, (no anno de 1803).

Sermão de Preces, prégado na Igreja de Nossa Senhora dos Martyres.

Sermão de Acção de Graças, prégado em S. Paulo por occasião da Paz Geral em 1801.

Sermão de Acção de Graças pela Restauração, prégado na Igreja de Nossa Senhora dos Martyres.

Sermão de Acção de Graças pela Paz Geral, em 1814, prégado na Igreja de Santo Antonio.

Sermão de Acção de Graças pela Paz Geral em 1814, prégado em S. Julião na Festa do Juiz do Povo e Casa dos Vinte e quatro.

Sermão de Quarta feira de Cinza , prégado na Santa Igreja da Misericordia de Lisboa a 3 de Março de 1813.

Panegyrico de S. Francisco Xavier , recitado na Real Capella dos Paços de Quéluz a 3 de Dezembro de 1804, na presença de S. M. , que por seu voto particular mandou festejar este Santo.

Sermão sobre a Seita dominante no Seculo XIX.

Sermão contra o Filosofismo do Seculo XIX.

Lightning Source UK Ltd.
Milton Keynes UK
UKHW020023181218
334174UK00013B/2073/P